Non-Fictie Titels door Janvier T. Chando

ICONEN EN SCHURKEN: Recente Politieke Moorden die...
GEVALLEN HELDEN: Afrikaanse Leiders Wiens Moorden het...
OEKRAÏNE: De Touwtrekwedstrijd tussen Rusland en het Westen
KAMEROEN: De Achtervolgd Hart van Afrika

Fictie Titles van Janvier Chando

De Usurpator: en Andere Verhalen
Driedubbele Agent, Dubbel Kruis
Discipelen van Fortuin
De Union Muzhik
Het Meisje op de Spoor
Flits van de Zon
Fortuin Roept
Meester van Fortuin
Kinderen van Fortuin
De Norilsk Beren
Mij Vóór Hen
De Grootmoeders en Perfecte Liefde
De Vuur en Ijs Legende
De liefste Waanzin
Het Honger Vuur
De Tinten van Vuur
Vader en Zonen
De Dokter
Donkere Tinten
De Noodlottige Relaties
Het Vonnis van Hades
De rechtszaak van Zijne Majesteit
Ngoko's Dwaasheid
De Usurpator
De Bruidsschat
Ik ben Gehaat
Het Pummel

Aankomende Titels door Janvier Chando

De Witte Valk
De Norilsk Beren
De Thuis Zwervers
De Sterfelijke Vrienden

HET VERRAAD VAN OPENHARTIGHEID:

De moord op Thomas Sankara van Burkina Faso en de verstikking van hoop in Afrika

Janvier T. Chando

TISI BOOKS

NEW YORK, RALEIGH, LONDEN, AMSTERDAM

GEPUBLICEERD DOOR TISI BOOKS

HET VERRAAD VAN OPENHARTIGHEID:

De moord op Thomas Sankara van Burkina Faso en de verstikking van hoop in Afrika

© 2019 door Janvier Chando

ISBN-13: 978-1-6721-0422-7

ISBN-10: 1-6721-0422-X

GEPUBLICEERD DOOR TISI BOOKS

www.tisibooks.com

NEW YORK, RALEIGH, LONDEN, AMSTERDAM

Gedrukt in de Verenigde Staten van Amerika

Erkenning

Speciale woorden van waardering voor Franklyn Bayen, Salomon Muna T. Yakana, Eric Nkabyo, Idris Doh, Julius Wakam, Sampson Baiye, Gabriel Nkeng, Linus Chinda, Wilson Okole, Rodney Musoko en Valentine Forchak met wie we de Sankara-erfenis hebben besproken en zijn aangekomen bij inzichtelijke conclusies.

Toewijding

Het boek is opgedragen aan alle iconische en legendarische leiders wiens doel was om de mensheid te dienen en het welzijn van de mensdom te bevorderen, vooral degenen die door hun kwaadaardige krachten in deze wereld werden afgebroken in hun historische missies.

HET VERRAAD VAN OPENHARTIGHEID:

De moord op Thomas Sankara van Burkina Faso en de verstikking van hoop in Afrika

CITATEN DOOR PATRICE LUMUMBA

"Hoewel revolutionairen als individuen kunnen worden vermoord, kun je ideeën niet doden."

"De vijand is niet degene die naar je kijkt met een zwaard in de hand, dat is de tegenstander. De vijand is degene achter je met een mes op je rug gericht."

"Zonder patriottische politieke opvoeding is een soldaat slechts een potentiële crimineel."

"Ik denk niet dat Blaise (Blaise Compaoré, zijn plaatsvervanger en beste vriend) een poging in mijn leven wil wagen. Het enige gevaar is dat als hij weigert te handelen, de imperialistische machten hem macht zullen bieden op een presenteerblaadje door mijn moord te organiseren. Zelfs als ze erin slagen me te vermoorden, maakt het niet uit! Het komt erop neer dat ze willen eten en ik stop ze. Maar ik zal vredig sterven, want nooit, na wat we erin zijn geslaagd om het geweten van onze landgenoten in te boezemen, kunnen ze ons volk niet beheersen zoals vroeger."

"De grootste moeilijkheid waarmee we te maken hebben gehad, is de neokoloniale manier van denken die in dit land bestaat. We werden gekoloniseerd door een land, Frankrijk, dat ons bepaalde gewoonten naliet. Voor ons betekent succes in het leven, gelukkig zijn, proberen te leven zoals in Frankrijk, zoals de rijkste van de Fransen."

"Je kunt geen fundamentele verandering doorvoeren zonder een bepaalde hoeveelheid waanzin. In dit geval komt het van non-conformiteit, de moed om de oude formules de rug toe te keren, dc moed om de toekomst uit te vinden."

"Schuld is een slim beheerde herovering van Afrika. Het is een herovering die ieder van ons in een financiële slaaf verandert."

"Laat een einde komen aan de arrogantie van de grote mogendheden die geen enkele kans missen om de rechten van de mensen in kwestie in te stellen. De afwezigheid van Afrika in de club van degenen die recht hebben op een veto is onrechtvaardig en moet worden beëindigd."

"We zijn niet tegen vooruitgang, maar we willen geen vooruitgang die anarchistisch is en crimineel de rechten van anderen verwaarloost."

"Ongelijkheid kan alleen worden opgeheven door een nieuwe samenleving op te richten, waar mannen en vrouwen gelijke rechten zullen genieten ... De status van vrouwen zal dus alleen verbeteren door de eliminatie van het systeem dat hen exploiteert."

"De geest wordt als het ware gesmoord door onwetendheid, maar zodra onwetendheid wordt vernietigd, schijnt de geest als de zon wanneer deze door wolken breekt."

"Het patriarchale gezin verscheen, gebaseerd op het enige en persoonlijke eigendom van de vader, die het gezinshoofd was geworden. Binnen dit gezin werd de vrouw onderdrukt."

"Ik wil dat mensen mij herinneren als iemand wiens leven nuttig is geweest voor de mensheid."

"Ons land produceert genoeg om ons allemaal te voeden. Helaas zijn we wegens gebrek aan organisatie gedwongen om voedselhulp te bedelen. Het is deze hulp die de geest van bedelaars binnen ons inboezemt."

"Alles wat de mens zich kan voorstellen, is hij in staat om te creëren."

"We hadden de gekken van gisteren nodig om vandaag extreem helder te kunnen handelen. Ik wil een van die gekken worden. We moeten de toekomst durven uitvinden."

"Als je een wandeling maakt door Ouagadougou en een lijst maakt van de huizen die je ziet, zul je merken dat ze tot een minderheid behoren. Hoeveel van jullie die zijn toegewezen aan Ouagadougou uit de verste uithoeken van het land hebben elke nacht moeten verhuizen omdat je uit het huis bent gegooid dat je hebt gehuurd? Tegen degenen die huizen en grond hebben verworven door corruptie, zeggen we: begin te beven. Als je hebt gestolen, beef dan, want we zullen achter je aan komen. '

"We moeten de toekomst durven uitvinden."

"Vrouwen houden de andere helft van de lucht omhoog."

"We doen er alles aan om te zien dat onze acties onze woorden waarmaken en waakzaam zijn met betrekking tot ons gedrag."

"Het is echt jammer dat er waarnemers zijn die politieke gebeurtenissen als stripverhalen bekijken. Er moet een Zorro zijn, er moet een ster zijn. Nee, het probleem van Upper Volta is ernstiger dan dat. Het was een ernstige fout om koste wat het kost een man, een ster te hebben gezocht, dat wil zeggen het punt om het eigendom van het evenement toe te schrijven aan kapitein Sankara, die het brein moet zijn geweest, enz."

"Onze revolutie in Burkina Faso is gebaseerd op de totaliteit van de ervaringen van de mens sinds de eerste adem van de mensheid. We willen de erfgenamen zijn van alle revoluties van de wereld, van alle bevrijdingsstrijd van de volkeren van de Derde Wereld. We trekken lessen uit de Amerikaanse   revolutie."

"De revolutie kan niet triomferen zonder de emancipatie van vrouwen."

"De revolutie en de bevrijding van vrouwen gaan samen. We praten niet over vrouwenemancipatie als een daad van liefdadigheid of uit een golf van menselijk medeleven. Het is een basisbehoefte voor de revolutie om te zegevieren. Vrouwen houden de andere helft van de lucht omhoog. '

"Imperialisme is een uitbuitingssysteem dat niet alleen voorkomt in de brute vorm van degenen die met wapens komen om territorium te veroveren. Imperialisme komt vaak voor in subtielere vormen, een lening, voedselhulp, chantage. We vechten tegen dit systeem waarmee een handvol mannen op aarde de hele mensheid kan regeren."

"We moeten werken aan het dekoloniseren van onze mentaliteit en het bereiken van geluk binnen de grenzen van opoffering die we bereid zouden moeten zijn te maken. We moeten onze mensen opnieuw conditioneren om zichzelf te accepteren zoals ze zijn, zich niet te schamen voor hun werkelijke situatie, om er tevreden mee te zijn, zelfs erin te verheerlijken."

"De vijanden van een volk zijn degenen die hen in onwetendheid houden."

"De Franse revolutie heeft ons de rechten van de mens geleerd."

"Kameraden, er is geen echte sociale revolutie zonder de

bevrijding van vrouwen. Mogen mijn ogen nooit zien en mijn voeten me nooit meenemen naar een samenleving waarin de helft van de mensen in stilte wordt gehouden. Ik hoor het gebrul van de stilte van vrouwen. Ik voel het gerommel van hun storm en voel de woede van hun opstand. '

"We moeten leren om op de Afrikaanse manier te leven. Het is de enige manier om in vrijheid en waardigheid te leven. '

"Hij die u voedt, controleert u."

In zijn huidige vorm, die door het imperialisme wordt gecontroleerd, is schuld een slim beheerde herovering van Afrika, met als doel de groei en ontwikkeling ervan te onderwerpen aan buitenlandse regels. Zo wordt ieder van ons de financiële slaaf, dat wil zeggen een echte slaaf. '

"Mogen mijn ogen nooit zien en mijn voeten me nooit meenemen naar een samenleving waar de helft van de mensen in stilte wordt gehouden."

"Hij die u niet voedt, kan niets van u eisen."

"Ongelijkheid kan alleen worden weggenomen door een nieuwe samenleving op te richten, waar mannen en vrouwen gelijke rechten zullen genieten, als gevolg van een omwenteling in de productiemiddelen en in alle sociale relaties. De status van vrouwen zal dus alleen verbeteren met de eliminatie van het systeem dat hen exploiteert."

"Che Guevara heeft ons geleerd dat we vertrouwen in onszelf zouden durven hebben, vertrouwen in onze capaciteiten. Hij wekte ons de overtuiging in dat strijd ons enige verhaal is. Hij was een burger van de vrije wereld die we samen aan het opbouwen zijn. Daarom zeggen we dat Che Guevara ook Afrikaans en Burkinabè is. "

"Nooit beschaamd worden Afrikaan te zijn."

"Wanneer de mensen opstaan, beeft het imperialisme."

INHOUD

KAARTEN

Partitie Kaart van Afrika

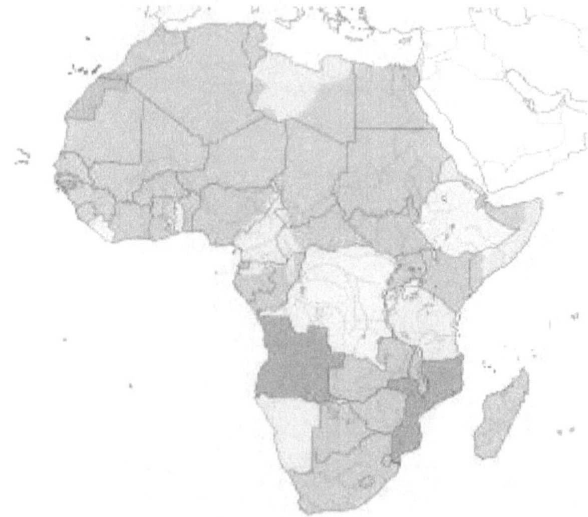

Atual Mapa da África com as Antigas Fronteiras Coloniais

Belgisch		Italiaans	
Brits		Portugees	
Francaise		Spaans	
Duits		Onafhankelijke landen	

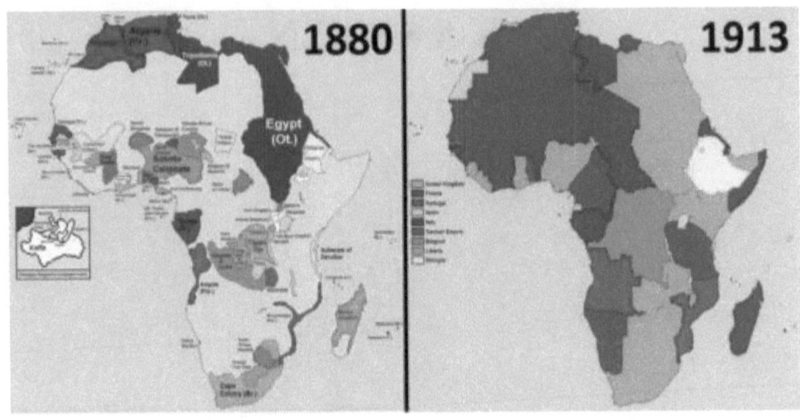

Politieke Kaart van Afrika

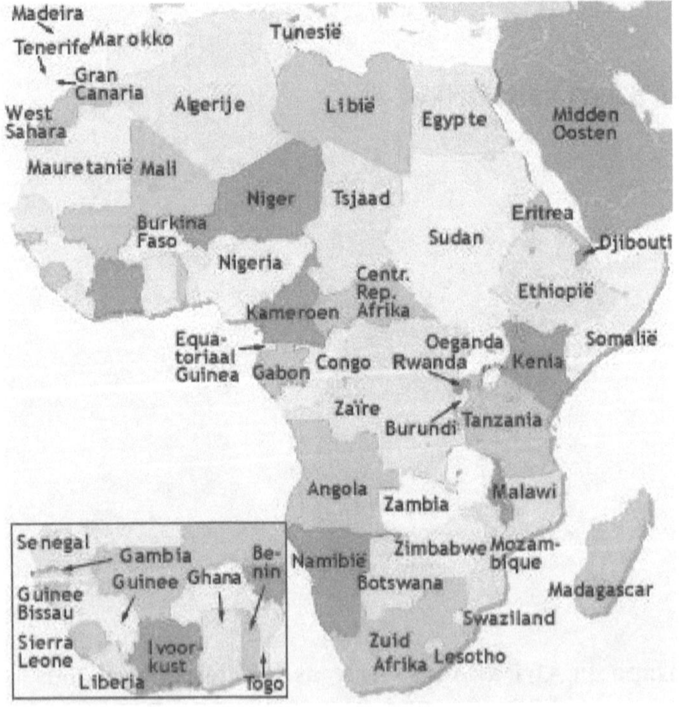

INVOERING

In mijn zoektocht naar het antwoord op de vraag waarom bepaalde geopolitieke vlampunten in de wereld bestaan, in mijn nieuwsgierigheid naar de reden (en) waarom sommige landen en de wereld in het algemeen plotselinge en dramatische veranderingen hebben ondergaan die hebben geleid tot oorlog, instabiliteit of een heroriëntatie van hun binnenlands en buitenlands beleid dat niet alleen deze landen trof, maar ook bepaalde regio's of de hele wereld beïnvloedt, heb ik de afgelopen tientallen jaren politieke moorden onderzocht die onze wereld hebben veranderd. Met onze wereld bedoel ik onze gemeenschappen, landen, regio's en de mensheid als geheel.

Bij de behandeling van de verschillende moorden die in de loop van de jaren plaatsvonden, gebruikte ik een benadering die wordt gekenmerkt door politieke sociologie, waarbij ik bondig de historische en sociale factoren analyseerde die niet alleen tot de moorden hebben geleid, maar die ook zijn voortgekomen uit het vermoorden van deze historische figuren. En op basis van deze factoren krijgen we een idee of foto's te zien van hoe de getroffen samenleving is geëvolueerd sinds de traumatische gebeurtenis (sen).

Uit de terugslag die volgden op de moord op historische, legendarische of iconische figuren, kunnen we iets nuttigs leren en scenario's bedenken of wat we als calamiteiten kunnen verwachten als bepaalde leiders worden vermoord, en dus dienovereenkomstig handelen in het voorkomen van hun moorden.

Hoofdstuk Een

Thomas Sankara

Toen Afrika die ochtend van 16 Oktober 1987 wakker werd en hoorde van de dood van het charismatische staatshoofd Thomas Sankara van Burkina Faso, vestigden zich shock, verdriet en melancholie op het continent. Toen er meer nieuws werd genoteerd dat hij was vermoord samen met twaalf anderen in een militaire staatsgreep onder leiding van de toenmalige vice-president Blaise Compaoré, (die na de staatsgreep president werd en regeerde tot zijn afzetting in een populaire opstand op 31 Oktober, 2014), waren de Burkina Faso-massa's woedend. Thomas Sankara had de wereld laten weten dat Blaise Compaoré zijn vriend en naaste vertrouweling was.

Dus, wie was deze jonge man die een geheel door land omgeven land in Afrika uit een impasse nam, een gebied dat het hart van het Songhai-rijk was, en vervolgens de mensen daar en hun broeders in de rest van Afrika het pad tonen naar een toekomst zonder de vertragende invloed van het neokolonialisme?

Hoofdstuk Twee

Het verhaal begint in 1949, met de geboorte van Thomas Sankara op 21 December van dat jaar in Yako, Upper Volta, en werd legendarisch met zijn dood op 15 Oktober 1987, in Ouagadougou, Burkina Faso van de kogels van zijn moordenaars. We zullen echter ingaan op de hoofdstukken die zijn leven op aarde vormen, terwijl we dieper ingaan op hoe hij de leider van de Burkinabe-revolutie werd vóór zijn vroegtijdige dood.

Sankara's opkomst naar het hoogste kantoor van het land begon nacht zijn opleiding als piloot te volgen en nadat hij een kapitein werd bij de Upper Volta Air Force. Maar het waren niet alleen zijn vaardigheden als piloot die hem tot een populair figuur in de hoofdstad van het land maakten, Ouagadougou genaamd, vooral na gevechten in de grensoorlog van 1974 tegen Mali. Het feit dat hij een fatsoenlijke gitarist was en het feit dat hij van motoren hield, heeft mogelijk ook bijgedragen aan zijn charisma. Dus werd zijn aanstelling als staatssecretaris voor Informatie in 1981 door kolonel Saye Zerbo, die president werd van het land na het beëindigen van de 14-jarige heerschappij van Sangoulé Lamizana met een staatsgreep op 25 November 1980, verwelkomd door de mensen van het land. Toen hij echter op 21 April 1982 ontslag nam bij de regering, onder verwijzing naar de anti-arbeidsschommeling van het regime, zag de bevolking een andere lovenswaardige kant van zijn karakter die ongewoon was. Hij was onvergankelijk.

De staatsgreep van 7 November 1982 onder leiding Dr. Jean-Baptiste Ouédraogo (een medische commandant--- wat overeenkomt met een majoor in het leger) en de Volksraad voor Redding (*Council of Popular Salvation---CSP*) die kolonel Saye Zerbo ten val bracht, leidde tot de reanimatie van het fortuin van Sankara toen de nieuwe president hem premier maakte in 1983. Maar toen bezocht Jean-Christophe Mitterrand, de zoon van de Franse president François Mitterrand, die toevallig de adviseur van zijn vader voor Afrikaanse zaken was, bezocht dat jaar boven Volta, hield niet van de politieke ideeën, botheid en onomkoopbare manieren van de jonge Sankara, en dus maakte hij de Opper-Voldaans president om Sankara en enkele van zijn naaste medewerkers onder huisarrest te plaatsen. Zijn opsluiting door de autoriteiten leidde tot een volksopstand die niet kon worden ingeperkt.

De Sankara-sage zou geen nieuwe dimensies hebben aangenomen als een groep mannen in Opper-Volta, tegenwoordig bekend als Burkina Faso, niet had besloten een revolutie te lanceren die het land in staat zou stellen "de verantwoordelijkheid van zijn realiteit en zijn bestemming met menselijke waardigheid te aanvaarden". Een staatsgreep georganiseerd door Blaise Compaoré met de hulp van kapitein

Henri Bongo, majoor Jean-Baptiste Booker Lingam en de charismatische kapitein Thomas Sankara zette Jean-Baptiste Ouedraogo af op 4 Augustus 1983, waarna ze Thomas Sankara tot leider maakten. De 33-jarige Sankara werd een prominente figuur in de groep Afrikaanse leiders die het continent in het algemeen, en hun landen in het bijzonder, een nieuwe sociaal-politieke dimensie wilden geven, verstoken van de ketenen van het neokolonialisme, met name de aanmatigend Franse controle over de voormalige Afrikaanse koloniën en gebieden.

Politieke Kaart van Afrika

Thomas Sankara, de charismatische links-leunende leider van een land in het hart van West-Afrika kreeg soms de bijnaam 'Tom Sank' en werd door sommige van zijn bewonderaars beschouwd als een 'Afrikaanse Che Guevara' zelfs voordat hij staatshoofd werd van de West-Afrikaans land na de staatsgreep die zijn vriend Blaise Compaoré heeft bedacht.

Hoofdstuk Drie

Een jaar nadat hij het hoogste kantoor in het land had aangenomen, begon Sankara met de meest ambitieuze programma's voor sociale en economische verandering ooit geprobeerd in een van de landen op het Afrikaanse continent. Hij veranderde de naam van het land van Boven-Volta naar Burkina Faso, wat 'het land van oprechte mensen' betekent in Mossi en Dyula, de twee belangrijkste talen van het land. Hij bedacht ook een nieuwe vlag en een nieuw volkslied voor het enthousiaste land.

De jonge president richtte het beleid van het land op het bestrijden van corruptie, herbebossing, het afwenden van hongersnood en op het stellen van echte prioriteiten voor onderwijs en gezondheidszorg voor de natie.

Zijn binnenlandse beleid was gericht op:

- Voorkomen van hongersnood met agrarische zelfvoorziening en landhervorming die resulteerde in zelfvoorziening met voedsel drie jaar in zijn presidentschap
- Onderwijs een prioriteit maken, waar de overheid meedogenloos mee bezig was via een landelijke geletterdheidscampagne
- En over het bevorderen van de volksgezondheid door 2, 500, 000 (2,5 miljoen) kinderen te vaccineren tegen meningitis, gele koorts en mazelen.

Andere lovenswaardige aspecten van zijn nationale agenda waren:

- De aanplant van meer dan 10, 000, 000 (tien miljoen) bomen, die de groeiende woestijnvorming van de Sahel een halt toeroepen
- De verdubbeling van de tarweproductie door herverdeling van land van feodale landheren naar boeren
- De schorsing van inkomstenbelasting en binnenlandse huren op het platteland
- En de lancering van een ambitieus wegen- en spoorwegbouwprogramma om "de natie samen te binden".

Op lokaal niveau leidde Sankara ook de drive voor elk

dorp om een medische dispensarium te bouwen, en voor meer dan 350 gemeenschappen om scholen te bouwen met hun eigen arbeid.

Direct nadat hij aan de macht kwam, werd hij de kampioen van vrouwenemancipatie en -rechten in Afrika. In feite werd dit bevestigd door zijn verbod op genitale verminking van vrouwen; zijn afschaffing van gedwongen huwelijken, kindhuwelijken en polygamie; evenals door zijn beleid en zijn inspanningen om vrouwen aan te moedigen leidinggevende posities in de overheid en de maatschappij te nemen, vooral door vrouwen aan te stellen in hoge overheidsposities en hen aan te moedigen om buitenshuis te werken en op school te blijven, zelfs als ze zwanger werden. Toen hij dat schreef:

"De revolutie en de bevrijding van vrouwen gaan samen. We praten niet over vrouwenemancipatie als een daad van liefdadigheid of vanwege een golf van menselijk mededogen. Het is een basisbehoefte voor de triomf van de revolutie. Vrouwen houden de andere helft van de lucht omhoog."

Het was een weerspiegeling van zijn vastberadenheid om het welzijn van vrouwen in zijn land en Afrika te verbeteren.

Sankara en Fidel Castro van Cuba

Hoofdstuk Fier

Sankara voerde een buitenlands beleid dat imperialisme niet goedkeurde en moedigde samenwerking aan op basis van respect en de erkenning van de belangen van Burkina Faso en de belangen van de andere partijen die zich bezighouden met Burkina Faso. Dit zag zijn regering alle buitenlandse hulp uit de weg gaan, op een gedurfde manier aandringen op schuldvermindering, alle land- en minerale rijkdom nationaliseren, waardoor de macht en invloed van het Internationaal Monetair Fonds (IMF) en haar zusterfinanciële instelling de Wereldbank werd vermeden.

Sankara verfolgte eine Außenpolitik, die den Imperialismus nicht duldete, und förderte die Zusammenarbeit auf der Grundlage des Respekts und der Anerkennung der Interessen von Burkina Faso sowie der Interessen der anderen Parteien, die mit Burkina Faso zu tun hatten. Dies führte dazu, dass seine Regierung jegliche ausländische Hilfe ablehnte, in kühner Weise auf einen Schuldenabbau drängte, alle Grundstücke und Bodenschätze verstaatlichte und dadurch die Macht und den Einfluss des Internationalen Währungsfonds (IWF) und seiner Schwesterfinanzinstitution, der Weltbank, abwendete.

Een van de redenen waarom de wereldwijde elites verwachtten dat Burkina Faso haar voormalige koloniale meester en de internationale financiële instellingen zou blijven kruipen voor, was omdat het destijds een van de armste landen ter wereld was. Maar Sankara was anders. Hij was er vast van overtuigd dat het land zonder buitenlandse hulp kon rondkomen en zichzelf kon onderhouden. Hij ging zelfs zover dat hij hulppakketten van het Internationaal Monetair Fonds weigerde, "hulp" die de internationale financiële instantie verstrekte, maar met voorwaarden die de soevereiniteit van Burkina Faso in gevaar brachten, zoals hij het zag. Hij verwoordde deze onafhankelijkheidshouding door middel van talrijke geschriften, toespraken, interviews en andere uitwisselingen. Helaas kwam Sankara over als een stem in de wildernis door de oprechtheid te personifiëren in een periode net na de onafhankelijkheid van de jaren zestig, toen de meeste revolutionaire, pan-Afrikaanse en gedurfde leiders van het continent waren gedood, omvergeworpen en bekeerd of vernederd door bedreigingen, sancties, sabotage en andere actieve maatregelen. Hij dacht dat hij een forum had gevonden om zijn kruistocht te verkopen tijdens de top van de Organisatie van Afrikaanse Eenheid in Juli 1987, waar hij de staatshoofden van andere Afrikaanse landen probeerde te overtuigen om collectief op te treden en hun financiële schulden niet aan hun voormalige kolonisten te betalen door te verklaren dat:

> *"De oorsprong van de schuld gaat terug naar de oorsprong van het kolonialisme ... We kunnen de schuld niet terugbetalen omdat we niet verantwoordelijk zijn voor deze schuld. Integendeel, anderen zijn ons iets verschuldigd waar geen geld voor kan betalen. Het is te zeggen, de schuld van bloed..."*

Hoewel Sankara's revolutionaire programma's voor zelfredzaamheid hem in de ogen van veel van de armen van Afrika hebben getransformeerd en zijn populariteit bij de meeste arme burgers van Burkina Faso hebben vergroot, ondermijnde zijn beleid de gevestigde belangen van een breed scala van groepen (de Francofiele Burkinabe middenklasse, de tribale leiders die er een hekel aan hadden dat hij hen van hun oude traditionele privileges voor dwangarbeid en betaling van eerbetoon ontdeed, en Frankrijk en zijn bondgenoot de Ivoorkust onder Félix Houphouet-Boigny, die hij beschouwde als een marionet van Frankrijk). Toen Blaise Compaoré op 15 Oktober 1987 zijn omverwerping en moord orkestreerde, vroegen veel mensen (Burkinabes en niet-Burkinabes) zich af of hij het niet had zien aankomen. Een week voor zijn moord verklaarde hij immers dat:

> *"Hoewel revolutionairen als individuen kunnen worden vermoord, kun je ideeën niet doden."*

Zijn intuïtie was in orde, maar blijkbaar was hij niet het type dat bereid was om de gruwelen te doorstaan die betrokken waren bij het onderzoeken en elimineren van degenen waarmee hij nauw had samengewerkt. Hij begreep, zoals vele grote figuren in de geschiedenis, dat het niet de schuld van een persoon is als mensen in zijn omgeving hem verraden, vooral als hij, als leider, nooit kwade bedoelingen koesterde tegen zijn medewerkers of kameraden. In feite had hij op de ochtend van zijn dood een kopie van een toespraak die hij de avond ervoor had voorbereid, die was bedoeld om de ideologische kloven te overbruggen die tussen de facties in zijn regering groeiden. Een fragment ervan luidt als volgt: *"Wat de tegenstellingen ook zijn, ongeacht de oppositie, er zullen oplossingen worden gevonden zolang het vertrouwen heerst..."* Maar hij kreeg die toespraak die ochtend in de gemeenteraadsvergadering niet te lezen omdat knetteren van machinegeweervuur de procedure net voordat het begon onderbrak, gevolgd door geschreeuw, waarbij iedereen binnen werd bevolen om naar buiten te gaan. Hij liet zijn door angst getroffen ministers weten dat de schutters hem zochten, beval hen te blijven zitten, hief zijn handen in de lucht en liep naar buiten om zijn lijfwachten dood op de trap te vinden. De ploeg aanvallende soldaten opende in een flits het vuur op hem.

Toen het nieuws over de moord op Thomas Sankara op 15 Oktober 1987 uitkwam kort nadat hij en twaalf andere functionarissen werden gedood in een staatsgreep georganiseerd door zijn voormalige collega Blaise Compaoré, werd het ontvangen met verontwaardiging, droefheid, vrees en ongeloof in alles van de landen van de wereld. Maar nergens was het verdriet zo groot als in Burkina Faso en de rest van Afrika, waar hij door de massa's werd beschouwd als het baken van hoop in een continent dat wordt gedomineerd door leiders met de slechte aard, van wie de meesten marionetten van buitenlandse mogendheden waren. Blaise Compaoré zorgde er niet alleen voor dat Sankara werd begraven in een ongemarkeerd graf, hij ontheiligde Sankara's erfenis nog verder door het grootste deel van zijn beleid om te keren en Burkina Faso opnieuw in lijn te brengen met die buitenlandse leiders en landen die vijandig stonden tegenover Sankara, vooral de voormalige koloniale meester Frankrijk. Veel mensen met kennis van de geschiedenis zagen geen reden om Blaise Compaoré niet te vergelijken met de Brutus (Marcus Julius Brutus), een politicus van de Romeinse Republiek die deelnam aan de moord op zijn goede vriend de Romeinse Keizer Julius Caesar.

Het feit dat Blaise Compaore Henri Zongo en Jean-Baptiste Boukary Lingani zou arresteren, met wie hij aanvankelijk het land had geregeerd in een driemanschap, beschuldigde hen van een complot om de regering omver te werpen, summier berecht en vervolgens geëxecuteerd in September 1989, bewees dat Sankara een vertrouwend en vertrouwd lid was in die groep die de macht greep in 1983 en de Burkinabe-revolutie begon.

De zoektocht van Sankara om de meest ambitieuze programma's voor sociale en economische verandering ooit op het Afrikaanse continent te realiseren, eindigde als een gedeeltelijk gerealiseerde droom, maar het was een visie die wordt gewaardeerd om de hoop van de Afrikaanse jeugd te wekken. Tegenwoordig is hij dertig jaar na zijn dood een legende in zijn land en Afrika.

Antonio de Figueiredo, een journalist, activist en omroep die campagne voerde voor de bevrijding van de kolonies van Portugal in Afrika en die meer dan wie dan ook deed om de kwestie van koloniale onderdrukking in Angola, Mozambique, Guinee en Kaapverdië onder de aandacht van de Engelstalige te brengen wereld, begreep de omvang van de invloed van Thomas Sankara toen hij in Februari 2008 schreef dat:

"Afrika en de wereld moeten nog herstellen van de moord op Sankara. Net zoals we nog moeten herstellen van het verlies van Patrice Lumumba, Kwame Nkrumah, Eduardo Mondlane, Amílcar Cabral, Steve Biko, Samora Machel en het meest recent John Garang, om er maar een paar te noemen. Hoewel kwaadwillende krachten niet dezelfde methoden hebben gebruikt om elk van deze grote pan-Afrikanisten te elimineren, hebben ze zich laten leiden door hetzelfde motief: Afrika in ketens houden."

Thomas Sankara, het revolutionaire en kortstondige staatshoofd van Burkina Faso, die zijn salaris verlaagde tot $ 450 dollar, de vloot Mercedes Benz-auto's verkocht, de toewijzing van chauffeurs voor overheidsfunctionarissen verbood en van de Renault 5 de officiële auto maakte, was herdacht in ceremonies die plaatsvonden in Burkina Faso,

Mali, Senegal, Niger, Tanzania, Burundi, Frankrijk, Canada en de Verenigde Staten op 15 Oktober 2007, twintig jaar na zijn moord. De zeer gemiste Afrikaanse legende die door de neokoloniale krachten van deze wereld en hun Afrikaanse marionetten en compradors uit de geopolitieke arena werd geëlimineerd, net toen hij de droom van het Pan-Africanisme begon te doen herleven, werd in 2015 opgegraven op verzoek van zijn familie.

De opgraving vond plaats een jaar na de volksopstand die Blaise Compaore uit de macht dwong, zodat hij Burkina Faso vluchtte in ballingschap in het naburige Ivoorkust. Publieke woede tegen Blaise Compaore die was ontstaan sinds de moord op Sankara in 1987 de straat opging na Compaore's poging in 2014 om de grondwet te veranderen waardoor hij voor de vijfde keer en voor nog twee termijnen opnieuw, in wat algemeen wordt beschouwd als verkiezingsmaskerades — een trend die wordt gezien in autoritaire en hybride regimes, vooral in Franstalig Afrika, waarbij de resultaten van de verkiezingen vooraf zijn bepaald, waarbij een proces wordt gevolgd waarbij het zittende regime het hele proces vervalst om democratisch te lijkenen blijft het autoritarisme van hun politieke systemen verbergen onder een dunne sluier van electorale legitimiteit. Het spelplan omvat ook hun poppenspelers —- de grote mogendheden, meestal westerse — die de maskerade goedkeuren met felicitaties aan de zittende staatshoofden of hun gekozen opvolgers, waardoor de resultaten van de verkiezingen effectief worden erkend, en het handhaven van de comprador en het systeem tegen de belangen van mensen en het land. Blaise Compaore probeerde Paul Biya uit Kameroen na te doen (aan de macht sinds 1982), die in 2008 de grondwet van het land veranderde om hem twee ambtstermijnen van zeven jaar te geven, en vervolgens zijn veiligheidstroepen gebruikte om de Kameroeners die de straat op kwamen om hun afkeuring te tonen en daarbij 150 demonstranten doodden; maar hij was niet zo scherpzinnig als zijn Kameroense tegenhanger die nog impopulaire was maar erin slaagde weg te komen met zijn gok.

Een autopsierapport dat werd uitgevoerd op de opgegraven overblijfselen van Thomas Sankara onthulde dat de anti-imperialistische revolutionair stierf door meer dan een dozijn schotwonden. Dat deed de zwakke bewering teniet dat zijn moordenaars hem per ongeluk hadden vermoord — zijn ooit beste vriend en opvolger Blaise Compaore probeerde de wereld te overtuigen te geloven dat dit is gebeurd. Zoals Ambroise Farama, een van de advocaten die de familie Sankara vertegenwoordigen, zei: het was *"... verbijsterend ... Je zou kunnen zeggen dat hij puur en alleen doorzeefd was met kogels ..."* Integendeel, de autopsies op de lichamen van de andere 12 soldaten die in 1987 met Sankara werden gedood en begraven, onthulden dat ze slechts één of twee schotwonden hadden opgelopen.

Burkina Faso herstelde Thomas Sankara's erfenis als revolutionair, pan-Afrikaan, milieuactivist, feministe en humanitair met een bronzen standbeeld in de hoofdstad van Ouagadougou in maart 2019. Het beeld zou echter een jaar later in Mei 2020 worden gecorrigeerd, waardoor het imposanter en levensechter wordt dan het vorige.

Een standbeeld van Thomas Sankara in Mei 2020

Drie decennia na de moord op Thomas Sankara, de jongeren van Afrika die hun weg zoeken, behouden nog steeds een hoge plaats voor het Afrikaanse revolutionaire icoon als een van de zeldzame hedendaagse figuren die het continent heeft voortgebracht en die als model kan worden geprezen, en een figuur om mee te identificeren. Zijn nalatenschap breidt zich snel uit buiten Afrika, aangezien steeds meer mensen hem erkennen als een voorloper van de milieustrijd, als een uitstekende figuur in de strijd tegen het financiële globalisme, als een pleitbezorger voor het niet betalen van onwettige schulden, en als een prototype van zelfstandige ontwikkeling tegen het liberale ontwikkelingsmodel dat slechts een kleine minderheid ten goede komt.

In feite verheerlijken tegenwoordig tal van boeken, artikelen en andere kunstwerken de onzelfzuchtige Afrikaanse legende die de kolossale taak op zich nam om de mensen op de been te brengen en hen de weg te wijzen naar een toekomst zonder neokolonialistische invloed die is verpakt in handel, financiën en geïmporteerde culturen die de kracht van Afrikaanse communistische waarden en de heiligheid van het gezin ondermijnen.

Democratie-index Kaart van Afrika

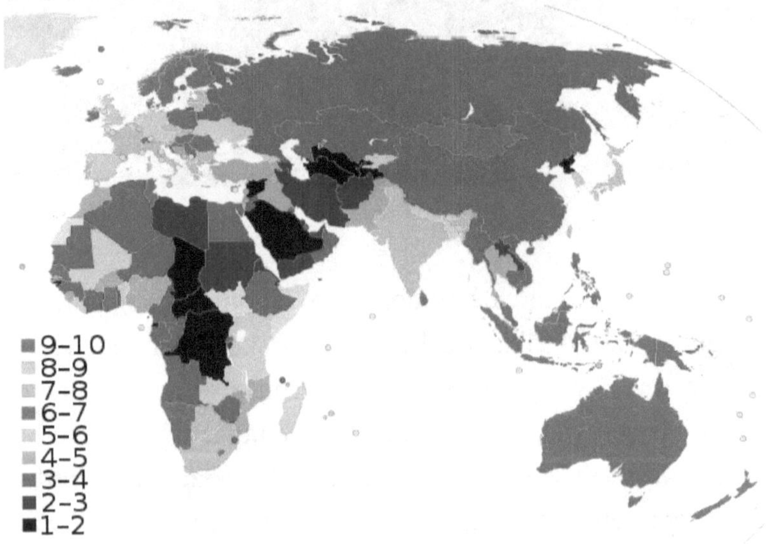

Democratie-index: Afrika en de Wereld

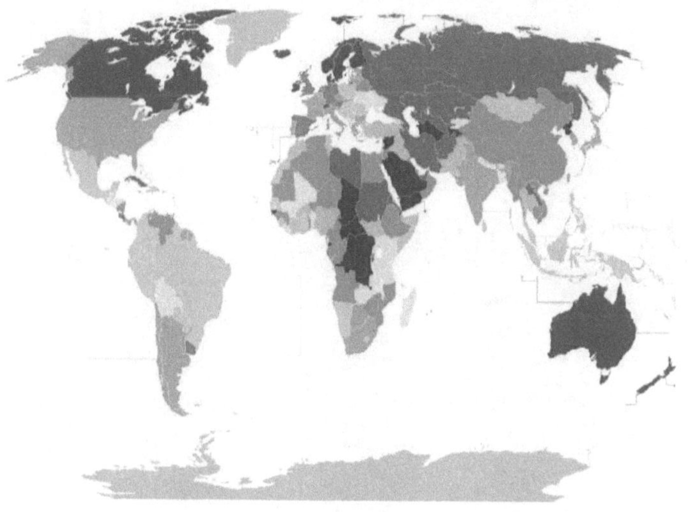

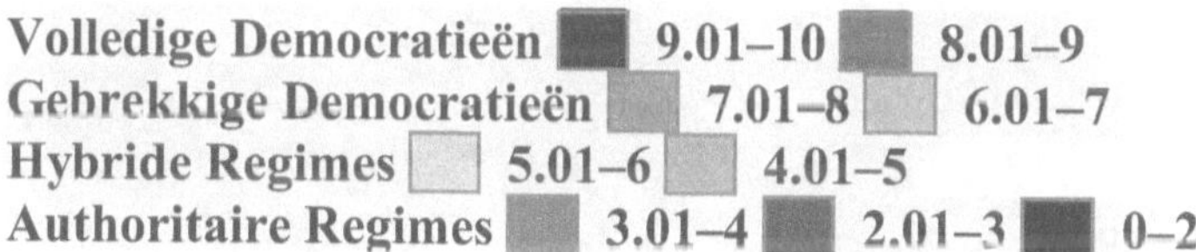

De landen van Africa

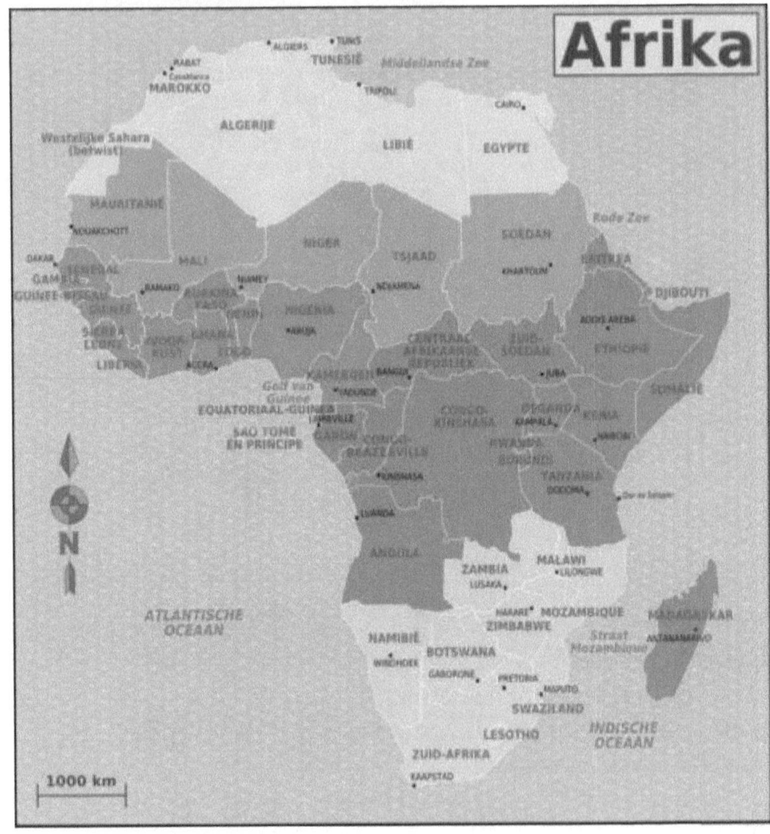